北大社会调查实务
Survey Operations

邱泽奇 主编

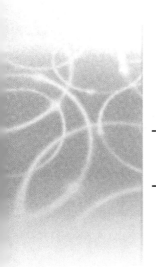

地图地址抽样框制作手册

中国家庭动态跟踪调查（CFPS）村（居）居住格局绘图和住址抽样框制作操作手册

Mapping, Listing, and Sampling Frame Building

丁 华 孙 妍 周 芸 朱庭威 顾春杰 编著

图书在版编目（CIP）数据

地图地址抽样框制作手册/丁华等编著． —— 北京 ： 北京大学出版社，2011.01

（北大社会调查实务丛书）
ISBN 978-7-301-18153-9

Ⅰ．①地… Ⅱ．①丁… Ⅲ．①社会调查：抽样调查–手册
Ⅳ．①C915-62

中国版本图书馆CIP数据核字(2010)第234671号

书　　　　名：	地图地址抽样框制作手册
著作责任者：	丁　华　孙　妍　周　芸　朱庭威　顾春杰　编著
责 任 编 辑：	闵艳芸
标 准 书 号：	ISBN 978-7-301-18153-9/C·0630
出 版 发 行：	北京大学出版社
地　　　　址：	北京市海淀区成府路205号　100871
网　　　　址：	http://www.pup.cn
电　　　　话：	邮购部 62752015　发行部 62750672　编辑部 62752824
	出版部 62754962
电 子 信 箱：	minyanyun@163.com
印　刷　者：	三河市北燕印装有限公司
经　销　者：	新华书店
	965毫米×1300毫米　16开本　6.5印张　52千字
	2011年1月第1版　2011年1月第1次印刷
定　　价：	19.00元

未经许可，不得以任何方式复制或抄袭本书之部分或全部内容。
版权所有，侵权必究
举报电话：010-62752024　电子邮箱：fd@pup.pku.edu.cn

目录

第一部分：项目介绍 /1

　　一、中国家庭动态跟踪调查（CFPS）简介 /1

　　二、调查对象和样本量 /2

　　三、地图地址法构建末端抽样框的优势 /4

第二部分：基本概念和工作流程 /10

　　一、调查地图的目的和作用 /10

　　二、调查地图绘制和住户列表清单制作流程 /11

　　三、术语解释 /19

第三部分：调查地图绘制的技术规范 /25

　　一、绘图内容 /25

　　二、技术规范 /26

第四部分：大社区分割实地操作方案 /55

第五部分：村（居）基本情况清单和住户列表清单制作说明 /63

　　一、村（居）基本情况列表清单制作 /63

　　二、住户列表清单制作说明 /64

第六部分：绘图员工作安全须知 /73

第七部分：村居地图和住户列表清单的递交 /75

第八部分：附件 /81

　　附件一：调查地图参考范本 /81

　　附件二：样表格式 /87

　　附件三：2010CFPS绘图实地核查问卷 /90

参考文献 /100

绘图员工作内容及要求

1．严格按照绘图手册要求的规则进行绘图，并在规定日期前完成样本村/居地图绘制和《住户列表清单》制作工作。

2．地图上的住宅编号必须与实际户主姓名一一对应。

3．绘制地图时必须严格对空宅、商用宅、一户多宅和一宅多户进行排查并按照绘图规则在地图上标示或在《住户列表清单》中进行备注。

4．在绘图期间需与村/居委会取得联系，获取村/居的住户花名册电子版并注明花名册的制定日期、村居基本资料、村/居协助人及村/居委会工作人员联系方式，并在交图时一并快寄回中心。

5．在绘图期间，绘图员进行绘图工作时在标准范围内所产生的所有费用务必记录清楚并保留发票和其他票据，以便绘图完成后进行报销。

6．在绘图工作结束后，本中心会按照一定比例对地图进行实地核查。如发现地图与实际情况不符，此地图作废且要重新绘制，并对该绘图员绘制的所有地图进行核查。

7．绘图员一经培训，必须严格对本中心的绘图规则及绘图资料进行保密，不得向任何与本中心无关人员透露。

第一部分：项目介绍

一、中国家庭动态跟踪调查（CFPS）简介

中国家庭动态跟踪调查（Chinese Family Panel Studies，CFPS）是北京大学中国社会科学调查中心实施的一项旨在通过跟踪搜集个体、家庭、社区三个层次的数据，反应中国社会、经济、人口、教育和健康的变迁，为学术研究和政策决策提供数据的重大社会科学项目。

项目的前期经费由教育部985二期计划支持，从2005年开始进行筹备，2006年成立机构，2007年正式进入前期工作，在北京、河北、上海完成了两次共计140户的测试性调查，问卷工具基本成熟。2008年在北京、上海、广东的展开探索性调查，调查规模为2400户；2009年在北京、上海、广东三地展开工具性测试跟踪调查，测试CAPI技术、调查进程实时管理技术、调查进程实时技术支持系统、数据质

量实时监控技术的稳定性和可靠性。2010年在全国（西藏、青海、新疆、宁夏、内蒙古、海南、香港、澳门、台湾不在其列）正式实施，调查规模为16000户，每年一次跟踪调查。

中国家庭动态跟踪调查第一期计划为12年（2008-2020）。2010年开始，每年3-7月在全国展开实地调查，8-10月清理数据，11月-次年2月向北京大学及调查合作院校师生提供数据，撰写关键指标报告（《中国报告》），并交由北京大学出版社出版；3月发布前一年关键指标的公开报告；在次年3月对社会公开数据。

二、调查对象和样本量

调查对象为中国（除香港、澳门、台湾以及新疆维吾尔族自治区、西藏自治区、青海省、内蒙古自治区、宁夏回族自治区、海南省外）25个省市自治区的家庭户以及样本家庭户的所有家庭成员。

样本所在的25个省市自治区的人口覆盖了中国总人口数的94.5%。

样本家庭户指常住家庭户，具体是：

1. 户籍在本村居，户籍人口居住在本村居的家庭户；
2. 户籍在本村居，户籍人口离开本村居不足6个月的家庭户；
3. 户籍不在本村居，但在本村居居住6个月或以上的家庭户。

根据CFPS的设计目的，将全国25个省/市/自治区分为两类，如表1所示：

表1 全国25个省市的分类

省市类型	省市自治区
一类省市（大省/大省样本）	上海市
	辽宁省
	河南省
	甘肃省
	广东省
二类省市（小省/小省样本）	江苏省、浙江省、福建省、江西省、安徽省、山东省、河北省、山西省、吉林省、黑龙江省、广西壮族自治区、湖北省、湖南省、四川省、贵州省、云南省、天津市、北京市、重庆市、陕西省

其中一类省市为5个大省（大样本省），作为5个省级单位的推断总体。

根据中国其他调查项目和世界上其他调查项目的经验以及2008年北京大学中国社会科学调查中心对北京市、上海市、广东省三个省市调查的无回答和覆盖性误差的分析，25个省市自治区家庭层次的应答率的估计值如表2所示。

表2 分地区和类别的家庭层次应答率

地区	类型	应答率
直辖市层和省会城市（除重庆市）		60%
北方地区	一般城市	75%
	农村	90%
南方地区	一般城市	70%
	农村	80%

注：表2 的应答率会根据试点情况以及抽样结果的实际情况最终确定。

根据表2的家庭层次应答率的估计值，抽样将通过扩大家庭层次的样本量，

1．保证5个大省的每个省市的有效样本量达到1600户，以满足各省的代表性要求；

2．小省的20个省/市/自治区组成一个总体，保证其总有效样本量达到8000户，以满足20个省市自治区的代表性要求。

由以上两部分得到的样本组成25个省市自治区的样本，有效样本量需达到16000户，以满足25个省市自治区的代表性。

三、地图地址法构建末端抽样框的优势

地图地址法是指通过绘制样本村/居的地图，确定每一个住址的地图信息和住户信息，来构建末端抽样框的方法。

在样本村/居中抽取家庭户样本时，需要建立一个完整的覆盖该

村居所有住户的末端抽样框。在我国目前人口流动性大、人户分离状况严重的情况下,如果仅利用村居委会的户籍花名册进行抽样,势必会遗漏掉很大一部分住户的信息,也无法保证抽样框的完整性和末端抽样的有效性。

通过地图地址法来构建末端抽样框,能够通过实地绘图过程,绘制出村居所有建筑物,并通过进一步的核查措施,排除非住户信息和特殊地址信息,最终形成住址和住户信息相结合的抽样框,大幅提高抽样的精度。

NOTES

NOTES

NOTES

NOTES

第二部分：基本概念和工作流程

一、调查地图的目的和作用

绘制地图和制作住户列表清单的主要目的在于确保样本村（居）中所有的住宅和住户都被覆盖到，以此保证样本村（居）中每一个住户都有同等的入选概率。

调查地图的作用在于明确村（居）的地域范围和边界，帮助调查员明确自己的调查范围，确定调查对象所在的地理位置。此外，调查地图能为本项目各级负责人指导工作、核查质量、验收数据提供重要依据 。调查地图绘制的准确性直接关系到整个抽样工作的质量，同时对今后的调查和样本维护工作也有很大影响。

在本调查中，调查地图的作用还在于明确样本户的地理位置分布，以实现更加科学地进行抽样，并为以后进行GIS支持下的空间分层抽样提供依据。[1]

---

[1] 参考《2005年全国1%人口抽样调查地图绘制工作细则》。

二、调查地图绘制和住户列表清单制作流程

具体流程包括：绘制详细的村（居）地图、描述村（居）住宅建筑物特征、记录每一个住宅对应的户主姓名。

（一）绘图准备

1. 绘图工具

（1）绘图纸：原则上使用A3纸绘制，也可使用有一定厚度、韧度较好的白色纸张，能做到清楚和方便使用即可。

（2）文具：文件袋（装参考地图、绘图纸、《致村（居）委会的一封信》等）、绘图铅笔、签字笔、带刻度的直尺、三角板、橡皮、卷笔刀、垫板、指南针。

思考：为什么建议选用A3纸绘图？

小贴士：指南针使用技巧

指南针务必水平地拿着，而且要远离以下列举的各种物品，才可避免磁针发生错乱：指南针应离铁丝网10米，高压线55米，汽车20米，以及含有磁铁的器具如磁性容器等10米。

2. 文件资料

（1）《中国家庭动态跟踪调查（CFPS）村（居）委会实地绘图和住户列表清单制作操作手册》。

（2）《村（居）基本情况列表清单》

（3）《住户列表清单》

（4）《致村（居）委会的一封信》：说明此次调查的目的、内容，以及需要村（居）委会配合的方面。

（5）绘图工作证：由调查中心统一制作。

3. 资料收集

绘制调查地图前，应该尽可能收集村（居）委会最新的详细地图作为参考底图[2]。

（1）在村委会，一般会存有2006年农业普查时绘制的住宅分布图。

（2）在居委会，一般会有2008年经济普查图、社区规划图或者小区楼群分布图。

---

[2] Malaria Indicator Survey Household Listing Manual, April 2005.

National family health survey, 2005-2006 (NFHS-3) India, Manual for household listing, International Institute for Population Science MUMBAI, September 2005.

参考底图能够帮助绘图员从整体上了解村（居）的轮廓和住宅建筑物分布情况，对于绘图员整体把握绘图策略、确定行走路线和住宅绘制时有一定的帮助作用。但需要注意的是，参考底图有较强的时效性，有些村（居）可能在近两年内发生较大的变化，所以在实地绘图中要以绘图时的实际情况为准进行地图绘制。

（二）熟悉地形

在绘制调查区域地图之前，需沿调查区域边界实地考察一遍，熟悉村（居）地形，特别是边界范围要非常明确[3]。对村（居）委会边界不明显或区域相互交错的地带，要分清哪些建筑物属于该样本村（居），哪些建筑物不属于该样本村（居）。同时要了解绘图区域内住宅建筑与非住宅建筑的数量和分布，在绘图前做到心中有数。

---

[3] Global Adult Tobacco Survey (GATS) Mapping and Listing Manual, June 2009.

（三）绘制地图

1. 在熟悉村（居）委会地形后，在绘图纸上绘制村（居）委会地图草图。草图中要记录道路、地貌，建筑物的类型、分布、编号，多住宅建筑物内住户数等信息。建议从村（居）的西北角开始，按照从西到东从北向南的路线行走，并绘出含有以上信息的草图。为了方便行走中绘图，建议草图用A4纸绘制。

2. 以草图为依据，按绘图要求绘制清晰的村（居）委会调查地图。

思考：为什么建议从西北角开始，按照从西到东从北向南的路线行走？

主要的考虑是：

1. 书写习惯：从左到右，从上到下；

2. 房屋建造规则：坐北朝南的建筑物居多，从村（居）的西北角开始绘图，从建筑物的走向上顺时针比较容易记录和绘制，不容易产生遗漏。

（四）制作住户列表清单

在地图绘制过程中，确定每一个住宅的户主信息，在清单表格里进行记录。在以草图为基础绘制清晰的村（居）地图的同时，按照要求制作详细的住户列表清单。

（五）质量控制

1．为了保证绘图质量，地图绘制工作完成后，绘图员要将地图与实际区域再核对一遍。重点核查地图所标的边界是否准确，尤其要注意绘制的村（居）地图是否有住宅建筑物的重复或遗漏，绘出的住宅建筑物的位置、朝向是否与实际情况完全一致以及住户列表清单的住户数和村（居）委会提供的总户数是否有差别。

2．在绘图员完成自查的基础上，督导在收到地图和住户列表清单后，要进行第一轮审查，审查内容包括：

（1）地图上住宅建筑物编号是否有重有漏；

（2）对照地图和住户列表清单，确认住宅建筑物编号和住宅编号是否与住户列表清单中信息相符；地图上住宅建筑物编号数量是否与住户列表清单数量相符；

（3）住户列表清单中备注是否完整、准确，是否确认空宅、商用、商住两用、一户多宅和一宅多户信息。

3．督导在第一轮核对过程中与绘图员保持密切联系，及时对原有地图和住户列表清单的不准确信息进行修改和补充。

4. 督导在完成第一轮核对之后，与部门主管对所有地图和住户列表清单进行第二轮审核。在审核过程中，共同确定需要实地核查的村（居）地图，并在实地核查问卷中补充针对性核查内容。

5. 在全国所有样本村（居）委会中按20%的比例抽取，由绘图核查员进行实地核查，审核内容包括[4]：

(1) 边界和四周道路标注是否明确；

(2) 方向标注是否准确；

(3) 建筑物有无重复或遗漏；

(4) 住宅建筑物与非住宅建筑物标识是否有区别；

(5) 住宅建筑物编号是否准确；

(6) 是否标识了多住宅建筑物内的住宅数和住户数；

(7) 抽取10%的多住宅建筑物检查住宅数和住户数统计是否准确；

(8) 本村（居）针对性核查题目若干。

---

[4] 部分内容参考《中国健康与养老追踪调查试调查：先遣队员培训材料一》。

6．质量要求：

以下情况属于不符合质量要求，需要对地图进行修改或重新绘制，同时要对《住户列表清单》做出相应修改：

（1）方向标注经核查不准确；

（2）边界和四周道路标注经核查出现错误；

（3）住宅建筑物总数经核查出现超过5%的误差；

（4）住宅建筑物编号经核查出现超过5%的误差；

（5）多住宅建筑物内的住宅数和住户数经核查出现超过5%的误差。

7．核查地图和核查问卷返回后，由督导和部门主管进行共同审查，如果绘图核查员在实地核查过程中汇报实际情况与地图差异较大，需要重新绘制地图。

绘图工作质量控制流程

绘图员完成地图绘制后,进行实地自查	负责人:绘图员
督导对地图和住户列表清单进行第一轮纸面审查	负责人:督导
根据纸面核查内容和要求,属于质量问题分类部分跟绘图员进行沟通和确认	负责人:督导、绘图员
执行主管和督导共同地对地图和住户列表清单进行第二轮纸面审查	负责人:执行主管、督导
根据纸面核查内容和要求,属于质量问题的部分跟绘图员进行再次沟通和确认	负责人:督导、绘图员
根据纸面核查的情况,对有问题的村居进行实地核查,总核查比例为全部村居的20%	负责人:核查员
实地核查地图和核查问卷返回后,由督导和部门主管进行共同审查	负责人:执行主管、督导
根据核查要求,对于质量问题部分跟核查员沟通,对地图进行改进	负责人:督导、核查员

（六）地图管理

地图绘制完成后应复制为一式三份，一份由调查员入户调查时使用，一份由大区督导掌握，一份由调查中心存档保存。

所有绘制地图的资料及成果都属于保密范围，不得泄露。

三、术语解释[5]

住宅：指人工建造的，有墙、顶、门、窗等结构，具有独立入口，供人居住的房屋或场所。

独立入口：是区分不同住宅的主要标志，其本质特征是排他性，独立入口内为独立的生活空间，入口外为公共空间。对于除前门外还有后门的住宅，视为一个独立入口。

住宅可分为传统住宅和非传统住宅：

（1）**传统住宅**：指在陆地建造的、非临时性住宅。

（2）**非传统住宅**：指供人居住的但不具备传统住宅特征的房屋或场所，包括工棚、病房、旅馆、军营、福利院、养老院、寺庙、监狱、船屋、学生宿舍、工厂的集体宿舍等可居住的空间。

建筑物：分为住宅建筑物和非住宅建筑物，采用不同的图形在地图中标示。四合院、平房院、大杂院、独立小楼和独栋的高楼在地图上作为一个建筑物绘制。

---

[5] 部分名词解释参考中加社会统计项目《城乡住户一体化试点方案》。

多住宅建筑物的住户数：四合院、大杂院、独立小楼、平房院中能够明确区分多个独立住户的，要视为多个住户（包括在农村分家单过的情形）；不能明确区分独立住户的，视为一个住户。

独立小楼：指不超过三层的居民小楼，一般情况下居住一户或者一个家族。（如少数地区层数超过三楼，但居住的也是一户或一个家族，仍应视为小楼）

空宅：是指符合住宅的定义，达到住人和使用条件，已正式移交使用，但目前无人居住的住宅。可能的情况包括：

（1）房屋建筑按照设计要求已全部完工，达到住人和使用条件，经验收鉴定合格（或达到竣工验收标准），已正式移交使用者但尚未入住的住宅；

（2）原房主另有住处，此处待出租或者空置的住宅。

未竣工住宅：是指按照房屋建筑设计要求还未完工，不能正式移交使用的房屋建筑。

新竣工住宅：是指房屋建筑按照设计要求已全部完工，达到住人和使用条件，经验收鉴定合格（或达到竣工验收标准），可正式移交使用的各种房屋建筑。

自建房：未经规划管理部门许可的建筑物、构筑物，主要包括：

（1）房屋加屋、屋面升高的建筑物；

（2）公寓庭院内的建筑物、构筑物；

（3）街坊、里弄、新村等地区建造的依附于房屋外墙的建筑物或构筑物等。

NOTES

NOTES

NOTES

NOTES

第三部分：调查地图绘制的技术规范

一、绘图内容[6]

1．边界：标示村（居）委会单位的边界线。

2．地图方位标识：按照实地绘图中上北、下南、左西、右东的规则在图纸左上角空白处标识地图方位。

3．交通：标示铁路、道路、桥梁，注明主要道路名称。

4．水系：标示河流、溪流、渠道、湖泊、水库、池塘等。

5．建筑物：标识所有建筑物的类型（楼房、平房、四合院、大杂院等）及位置，住宅与非住宅建筑用不同标志标识。

6．地理标识：如机关、学校、商业网点、中心公园、绿化带、农田、山地等有地理特征的，以及标志性建筑，必须在图上标识。

7．住宅数和住户数：标明多住宅建筑物内的住宅数和住户数。

---

[6] 部分内容参考《全国农业普查地图绘制工作细则》。

8．绘图信息：地图名称，地图所属省市、区（县）、街道（乡镇）、村（居）信息，绘图日期，绘图人员签字，审核日期，审核人员签字等。

9．备注：在绘图图框外的右侧边设有备注栏，对于无法用绘图方法绘制的，或者已经在图中做了绘制，但仍需特殊说明的情况，需要在该备注栏中做简练的描述。

二、技术规范

（一）方位准确

地图按上北、下南、左西、右东的方式绘制，比例不作统一要求，能做到住宅建筑与地形清楚和方便使用即可。

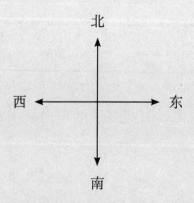

图1：地图方位标识

(二) 绘图信息完整

1．调查地图要使用完整的区域名称，如××省/自治区/直辖市××市××区（县）××街道（乡/镇/地区）××村（居）委会地图，用黑色签字笔以大号字体标在地图框外上方居中位置。（如果使用北京大学中国社会科学调查中心的标准图纸，则可直接在图纸标题栏将信息填写完整，并"√"勾选出相应的行政级别名称，具体图例见图2。）

2．绘图人、绘图日期、审核人、审核日期用黑色签字笔填写在图框外的下方。

3．图框用绘图铅笔以粗线绘出，根据地域轮廓形状，地图横向或者竖向绘制皆可。

4．村（居）地图在图框内用绘图铅笔绘出；绘图采用编号的规则（原有编号或是自行编号）、绘图中的特殊情况在图纸右侧备注栏记录。

5．为便于装订，图框的上侧和左侧留2厘米，下侧留1.5厘米，右侧留4厘米。

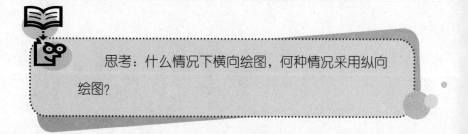

图2：绘图图纸样板图

思考：什么情况下横向绘图，何种情况采用纵向绘图？

(三) 图例符号[7]

1. 地图按统一图例绘制，绘图使用的图例符号请参照下图（图3），主要地形、地物可采用近似的曲线或符号表示（只要调查人员可以识别即可，并不要求特别准确），但必须在图框外备注栏中配以文字说明。

2. 未规定到的图例符号，可自行适当增添并加以备注说明。

3. 农户家庭的猪栏、牛栏、厕所和非住宅简陋房屋在地图中可以不绘出。

方向　西←↑→东（北/南）　　　楼房　▨

村/社边界　----------　　　平房　☐

铁路　▬▬▬▬　　　空宅　[空宅]

道路　[道路名称]　　　非住宅建筑　(建筑名称)

---

[7] 部分图例参考《全国农业普查地图绘制工作细则》。

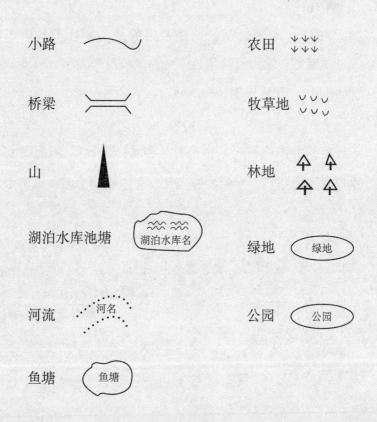

图3：绘图图例符号

（四）分图、总图和分布概要图

根据村（居）规模和分布情况不同，绘制不同形式的地图，包括分图、总图和分布概要图。

1. 分图

画图比例不做统一要求，尽可能在一张纸上绘制。如果村（居）委会建筑物或住宅过多，可以按照住宅建筑物原有编号、门牌号码或行走路线规则将该村（居）委会分割成若干个小区域，在多张绘图纸上绘制分图，分图需要按顺序编号。图例如下：

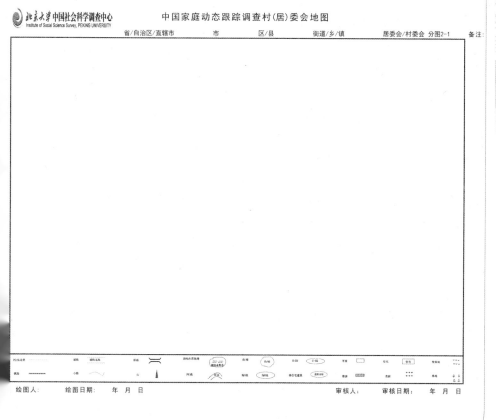

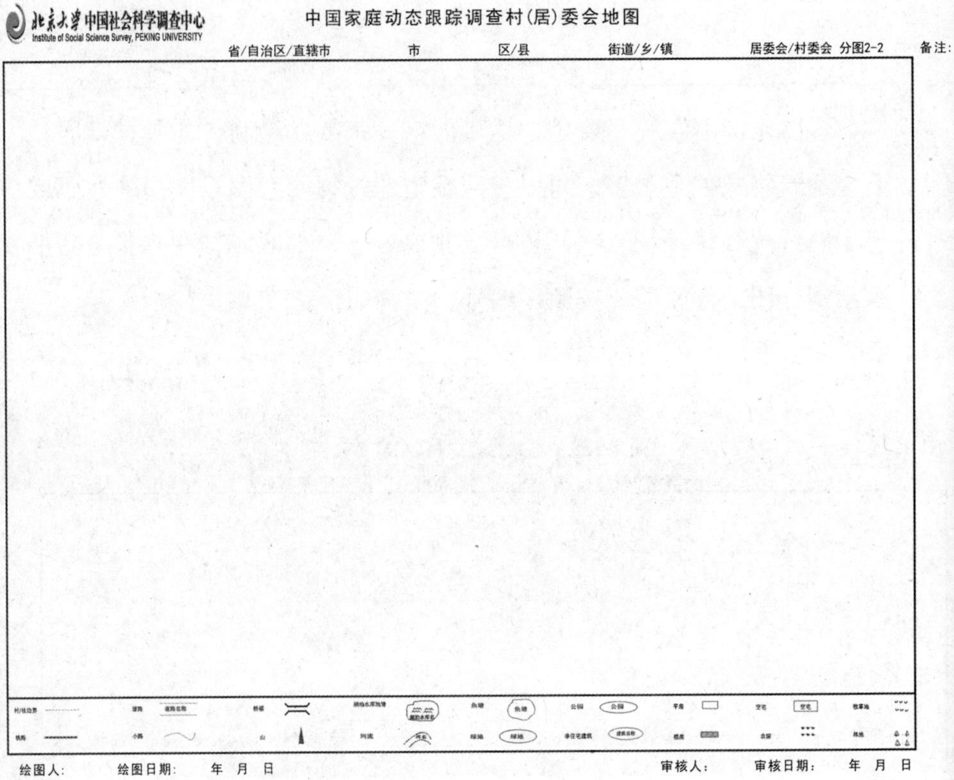

中国家庭动态跟踪调查村(居)委会地图

| 省/自治区/直辖市 | 市 | 区/县 | 街道/乡/镇 | 居委会/村委会 分图2-2 | 备注 |

绘图人：　　　绘图日期：　　年　月　日　　　　　审核人：　　　审核日期：　　年　月　日

图4：分绘在两张图纸上的村（居）委会调查地图分图编号图示

2. 总图

绘制在多张绘图纸上的调查地图分图须绘制一张**总图**。总图中不须标明具体的住宅，只须按照行走路线和地理方位对各分图的位置进行标示。图例如下：

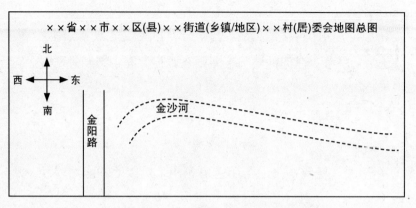

图5：标示各分图位置的调查地图总图

3. 分布概要图

如果一个村由多个边界分明的自然村/社、村民小组、大队、小居委会等组成，需要在调查地图中空白较大的位置绘制各村/社/居分布概要图。具体图例如下：

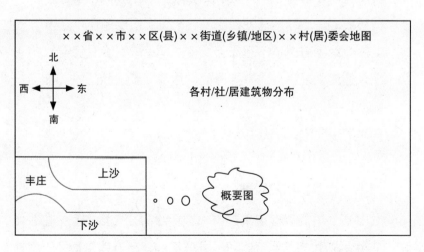

图6：由多个自然村/社/居组成的村（居）调查地图概要图图示

思考：在何种情况下需要在调查地图中绘制分布概要图？

两个必要条件：1. 被抽中的村（居）由多个自然村、社、组、大队、小居委会等组成；

2. 在同一张地图上包含了两个或以上的自然村、社、组、大队、小居委会。

特别提醒：是否使用分图要根据村/居的规模、分散程度、地理地貌等情况决定。如果村/居规模大，或者分散程度高，或者地理地貌比较狭长，全部绘制在一张图上影响绘图效果，不方便访员查找样本户，需要使用分图。但如果没有上述特殊情况，建议尽量绘制在一张图纸上。

（五）建筑物绘制规则

村（居）中的所有建筑都要求进行绘制，包括空宅、在建住宅、正在拆迁住宅、商用店面、办公楼等，所有建筑物的绘制都要体现其原有的形状、走向和朝向，具体绘制方法如下：

1. 普通住宅建筑物绘制规则

（1）楼房必须按幢绘制，不能几幢连在一起绘，以带斜线的长方形表示。如果楼房形状不规则，绘图需要体现楼房的形状和走向，形状规则的楼房绘制方法如：

| 6（30宅28户） | 长方形内的文字为：6（30宅28户），表示6号楼共30个住宅28个住户。

形状不规则的楼房绘制方法如：

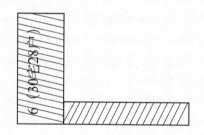

（2）平房、平房院、独立小楼、四合院、大杂院、城区的自建房和平房区的空宅、窑洞等以长方形格绘制。

① 独门独户的平房、平房院、独立小楼，在长方形格内填写其编号，

具体绘制方法如：

| 1 | | 21 | | 空宅 | | 16小楼 |

1. 如果绘图空间不够，可以在空格内只填"空"字，如 空 ；

2. 如果村/居住宅建筑物以独门独户的小楼为主，则不需要在空格内填写"小楼"二字，只需要填写编号，但须在《住户列表清单》的备注中进行说明。

② 如果几幢独门独户的平房、平房院、独立小楼紧挨，可用连续的长方形条格表示，图例如：

| 1 | 2 | 3 | 4 |

但如果住宅之间有道路、池塘、农田、商业店面、办公房、正在拆迁房、未竣工房等相隔，则不可连续绘制。

③ 由多户组成的四合院、大杂院、小楼，在长方形格内填写其编号、住宅数和住户数统计，

具体绘制方法如：

1四合院8宅6户   表示该住宅建筑物编号是1，建筑格局是四合院，共有8个住宅，其中住有6个住户；

| 3大杂院2宅2户 | 表示该住宅建筑物编号是3，建筑格局是大杂院，共有2个住宅，其中住有2个住户；

| 18小楼2户 | 表示该住宅建筑物编号是18，建筑格局是小楼，住有2个住户。

④ 黄土高原上特有的民居窑洞，可以用长方形条格表示，需要在条格内写：窑洞或窑，具体图例如：

| 窑洞 | 或 | 窑 |

（3）商住两用住宅：如果建筑物既用作商用，又有人在内居住，算作商住两用住宅。

① 非楼房中的商住两用住宅具体绘制方法如：

| 22商住1户 | | 26商住2户 | | 18小楼商住2户 |

② 楼房中的商住两用住宅无须在绘图中体现，但须在《住户列表清单》的备注中进行说明。

2. 非住宅建筑物和非传统住宅建筑物绘制规则

（1）非住宅建筑物（如办公地点、商业店面、生产车间、学校等）、未竣工住宅建筑物、已竣工尚未入住的建筑物、正在拆迁的住宅建筑物、12个月内即将拆迁的住宅建筑物在图上用椭圆形表示，并在椭圆形内标识该建筑物类型（如村/居委会、已拆迁、待拆迁、未竣工等）。

具体绘制方法如：

(商店)　(村/居委会)　(已拆迁)　(待拆迁)　(未竣工)

（2）非传统住宅建筑物在地图上用椭圆形表示，并在椭圆形内标识该建筑物类型。非传统性住宅包括：工棚、工厂和农场等集体宿舍、学生宿舍、病房、旅馆、军营、福利院、养老院、寺庙、监狱、帐篷、船屋。

具体绘制方法如：

(集体宿舍)　(养老院)　(福利院)　(旅馆)　(监狱)

3. 不同朝向的建筑物绘制规则

（1）南北朝向（坐南朝北和坐北朝南）的建筑物，要用长方形格横向绘制。

（2）东西朝向（坐东朝西和坐西朝东）的房屋，要用长方形格竖向绘制。

（3）其他朝向的房屋，其图形须根据具体情况斜绘。

（4）注意：不能将不同朝向的建筑物全部绘成横向图形。

不同朝向的建筑物绘制图例：

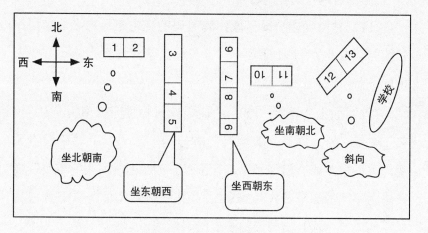

图7：平房区不同朝向的建筑物绘制图示

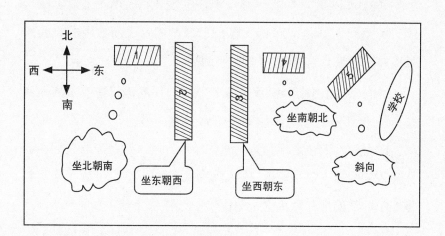

图8：楼房区不同朝向的建筑物绘制图示

(六) 建筑物编号规则

1. 需要编号的建筑物

（1）**有明确楼房编号或门牌号码的住宅建筑物必须采用原有编号**。住宅建筑物的编号应写在代表该栋建筑物的长方形格子内。

（2）如果一个村（居）的住宅建筑物按照类型（常住/出租、户籍/外来户等）有两种门牌号码，如果两种号码没有重复，可以按照原有门牌号码进行编号。如果两种号码有重复，需要采用不同的编号方式。如常住户门牌号码为10的一户，编号为10；同一村（居）出租户门牌号码同样为10的一户，编号为⑩。此种情况须在图纸右侧的备注栏里进行说明。

（3）如果村（居）内同一个住宅建筑物有两个或以上编号或门牌号码，则须询问村（居）干部，确定最新使用的一套编号，并在图纸右侧的备注栏里进行说明。

（4）无明确楼房编号或门牌号码的住宅建筑物按照**从西到东、从北到南**的顺序由绘图员进行编号。楼房、平房院、大杂院、四合院、商住两用建筑，每栋编一个号。编号应写在代表该栋建筑物的长方形格子内。需要特别注意的是，为了保证自行编号地图的准确性和可用性，地图绘制过程中要对标志性建筑、道路、河流、山川、桥梁等具有明显特征的标志物进行详细标示，并在住户列表清单中进行相应描述。

（5）如果村（居）内部分建筑有楼房编号和门牌号码，部分建筑没有编号，则整体编号规则为：以现有楼房编号或门牌号码为基础进行补充，而不须全部重新编号。具体方法为：

① 采取按行走路线与前一个住宅附属编号的方式编号，例如3号住宅建筑物东面新建了一个或多个住宅建筑物，那么给新住宅的编号就是3①，3②……

② 在楼房区，紧贴楼房一层外墙向外搭建的自建房编号规则是：从楼房西北角开始，从北到南，从西到东，逆时针编号，直到围绕该楼房建造的自建房全部编号完毕为止。具体编号方式同上，采取附属编号的办法，图例如下：

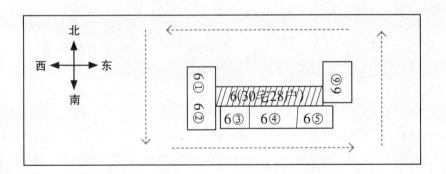

图9：楼房区6号楼一层外墙自建房编号规则图示

(6) 既有楼房也有平房的村（居）住宅建筑物编号规则：

① 如果楼房和平房有连续的楼房编号或门牌号码，或者各自有独立的不连续的楼房编号和门牌号码，都采用原有编号，并须在《住户列表清单》备注中说明。

② 如果楼房区有编号，而平房区没有编号，且楼房区和平房区呈各自成片聚集状态，则楼房区采用原有编号，平房区以西北角为起点，按照从西到东、从北到南的顺序独立编号，**编号不与楼房区连续**。反之亦然。

③ 若楼房散落于平房区内，或平房散落于楼房区内，如果都没有原有编号，则按照行走路线规则进行统一连续编号；如果平房区有门牌号码，楼房没有编号，则采取楼房跟前一个平房附属的规则进行编号，反之亦然。

(7) 住宅建筑物的编号遵循按建筑物坐向书写的规则，即：坐北朝南的房屋正写（此时图中的数字是正的），坐南朝北的房屋倒写（此时图中的数字是倒的），坐西（东）朝东（西）的房屋要将地图转向90度再写（此时图中的数字头朝西〔东〕），其他坐向房屋编号的写法以此类推。注意不可不管房屋的坐向随意写或全部都正写[8]。

---

[8] 参考江西统计信息网：《完善普查地图绘制工作细则的思考和实践》。

特别注意1：如果村居内住宅建筑物朝向较为复杂，可以将开门方向的图框边线不闭合，表示是大门所在，图框内文字可以按一个方向填写。

特别注意2：住宅建筑物标识应保证不重不漏。务必做到在给定住宅楼院、房屋编号后，调查员能唯一确定一个建筑物。

思考：为什么建筑物编号以采用原有编号为首要原则？

1. 建筑物原有楼号或门牌号码最方便调查员查找和识别；

2. 采用原有编号能够有效地避免绘图员的漏绘和重绘。

2. 不需要编号的建筑物

如果住宅建筑物有自然编号，需要在图框内填写自然编号，但须在住户列表清单中备注。如果没有自然编号，则：

（1）空置的住宅建筑物不编号，但须标注"空宅"二字（如果绘图空间不够，可以只标注"空"字）。

（2）非居住的房屋和建筑物（如办公地点、生产车间、商业店面、学校等）不编号，但若有人在内居住，则仍要每栋编一个号。

（3）非传统住宅不编号。

（4）辖区内有未竣工建筑物或已竣工但尚未入住的建筑物，不需要编号和统计住户数。

（5）辖区内正在拆迁的、或者12个月内即将拆迁的建筑物，不需要编号和统计住户数。

注意：需要到每栋建筑物实地走访，以便准确地区分住宅建筑物、非住宅建筑物、商住两用住宅，同时区分空宅。

3. 建筑物编号图例

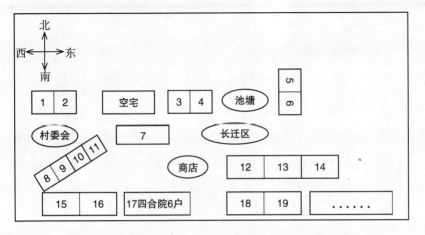

图10：没有门牌号码的平房区建筑物编号规则图示

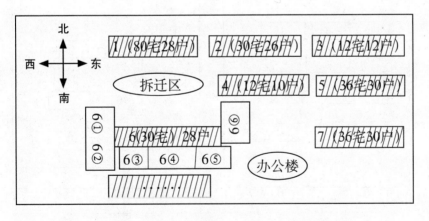

图11：没有楼房号码的楼房区建筑物编号规则图示

4. 特别说明：

（1）在村（居）区域内，在住宅建筑物没有楼房编号或门牌号码的情况下，如果成片的住宅建筑物之间有村（居）主干道相隔，或者居民建筑物明显地聚集成片，可以以片区为单位对住宅建筑物进行编号，但片区之间的编号要连续。在片区内编号规则仍然遵循从西到东、从北到南的顺序。具体图示如下：

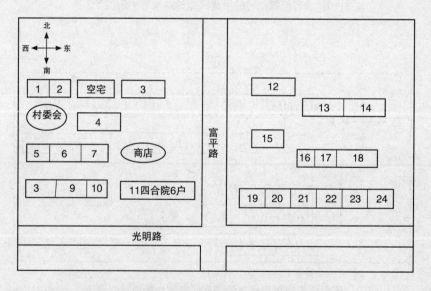

图12：分明显片区的村委会建筑物编号规则图示

（2） 如果一个村（居）由多个边界分明的自然村/社、村民小组、大队、居委会等组成，可以以自然村/社/居为单位单独对住宅建筑物进行编号，各自然村/社/居之间编码不连续。具体图例如下：

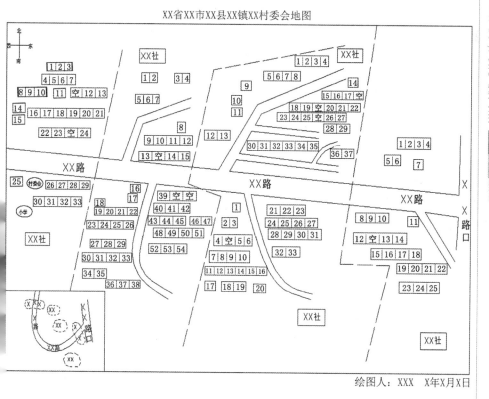

图13：由多个自然村/社组成的村委会建筑物编号规则图示

（3）如果村（居）中住宅建筑物有明显的自然走向，或以明显的自然地貌（如道路、深沟、山脉、大片农田等）分割，且没有住宅建筑物原有编号，则可以按照此自然走向对建筑物自行编号，具体图例如下：

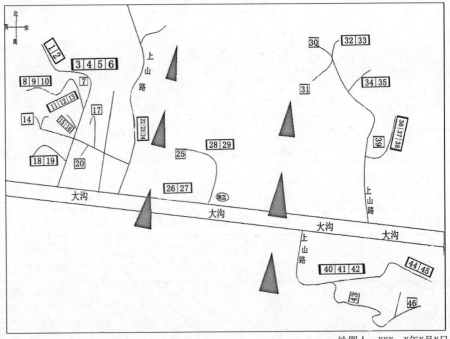

图14：有明显自然走向的村（居）委会住宅建筑物编号图示

思考：为什么在特殊情况下可以对编号规则进行变通？

1．尽管在特殊情况下进行了变通，但总的规则和行走路线是不变的；

2．特殊情况下的特殊处理，能够更好地保证绘图的不重不漏，以及绘图员工作效率的提高。

（八）多住宅建筑物内住宅数和住户数标识

1．绘图时要标出多住宅建筑物内（如楼房、一门多户的大杂院、四合院、平房院等）的住宅数和住户数，并将统计数字填写在代表该建筑物的长方形格子内，如

2．住户数统计不包括纯经营性质用房（商铺、办公用房、仓库等）、空置住宅。

3．未竣工建筑物、已竣工但尚未入住建筑物、正在拆迁建筑物、12个月内即将拆迁建筑物、非传统住宅等不统计住户数。

4．代表独门独户住宅的长方形格子内不需要填写住宅数和住户数。

相关知识：右手原则

右手原则是：绘图行走路线设计的一种规则，意指在实地绘图行走时，确定起点后沿着右手边行边走绘图，有路口或者拐弯时必须向右拐，只有在遇到墙、死胡同或者要走出调查区域时才能掉头。在行走过程中只绘制和记录在绘图员右手边的建筑物。设计该行走路线的主要目的是为了保证在绘制地图时尽可能做到不重不漏，确保地图的完整和准确。

右手原则的三个基本原则：

1. 右转：在遇到路口、街区时仅可以右转；

2. 掉头：在遇到只有左拐的路、死胡同或要走出调查区域的情况下需要掉头，掉头后继续按右手原则绘图并行走；

3. 尊重既有街道或道路走向：尽量沿着既有的道路方向行走，即使在途中有右转路口，也要先沿着既有的道路行进，在完成该道路右侧建筑物绘制工作后在适当的路口右转。

右手原则基本图例（参考GATS Mapping & Listing Manual）：

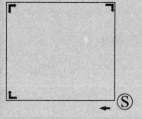
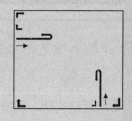

右手原则普遍适用于街区和道路界限比较清晰、建筑物比较整齐的社区，是国外较常使用的规则。在本手册中，经过实践证实，遵循从社区西北角开始按照顺时针方向进行绘制的原则能比较好地实现不重不漏的目的。

NOTES

NOTES

NOTES

NOTES

第四部分：大社区分割实地操作方案

为了降低绘图难度，在不影响抽样质量的前提下，对规模较大、人口较多的样本村（居）可以进行拆分和分割，具体拆分对象和规则如下：

1. 大社区定义：在本调查中，大社区是指常住人口超过10000人的村（居）委会。

2. 考虑到抽样的可操作性，对人口规模在10000人或以上的村（居）进行拆分，从拆分好的片区中随机选取一块或几块作为该村（居）的代表，拆分后抽取的一块或几块总人口规模不少于4000人。

3. 拆分方法：

（1）如果村（居）由多个自然村、社、居、村民小组、大队、居民小组等组成，可以以此为基础进行拆分。具体方法是：

① 在村（居）区域内，以西北角为起点，按照从西到东，从北

到南的行走路线将所有自然村、社、居、村民小组、大队、居民小组的地理位置分布绘制在一张图上，并按照规则对各部分进行编号，具体图例如下：

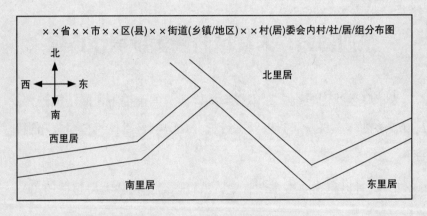

图14：村（居）内自然村/居/社/组分布图

② 在村（居）委会干部的协助下，统计各自然村、社、居、村民小组、大队、居民小组的常住人口数，并对每个部分的居民特征做简单描述，具体的表格详见表三。

③ 将上述图表发回给调查中心督导，等待抽样组进行抽样。

④ 对抽中的某一个或几个村/社/居等按照本手册第二部分和第四部分的规则和规范进行地图绘制和住户列表清单的制作。

（2）在没有自然村、社、居、村民小组、大队、居民小组的村（居）委会，应根据自然地貌和建筑特征（如道路、标志性建筑、河流、山川、桥梁）将村（居）划分成几个片区[9]，将几个片区按地理位置分布绘制在一张图上，并对各片区按照从西到东从北向南的顺时针规则进行编号。在村（居）委会干部的协助下，统计各片区的常住人口数，对各片区的居民特征进行简单描述。片区划分时应该重点考虑两方面：

① 片区的划分要尽量保证片区内住宅类型和住户的异质性，以及片区间住户类型和住户的同质性。

② 抽取的某个片区或某几个片区的总人口数大致接近于4000。具体来说，将村（居）内总常住人口数除以一个自然数，能使得数字最为接近4000（尽量不低于4000）。举例来说，某个村（居）有常住人口13000人，除数应为3，得数约为4333人。再例如，某村（居）有常住人口18000人，除数应为4，得数为4500人。

以下的具体操作步骤同（1）③-④。

---

[9] National family health survey, 2005-2006 (NFHS-3) India, Manual for household listing, International Institute for Population Science MUMBAI, September 2005.

4. 大社区组成部分统计详表

表3 CFPS大社区基本信息统计表

____省/自治区/直辖市___市___县/区___街道/乡/镇___居委会/村委会

分片编号	村/居/社/队/组/路名	常住人口数	住宅及居民情况描述	备注
1	西里居	3900人	主要是平房，居民大都是农民。	/
2	北里居	3300人	主要是平房，居民大都是农民。	/
3	东里居	4100人	主要是平房。	/
4	南里居	5200人	沿街商铺和大杂院	/

NOTES

NOTES

NOTES

NOTES

第五部分：村（居）基本情况清单和住户列表清单制作说明

一、村（居）基本情况列表清单制作

为了解村（居）的整体情况，并为抽样提供更加翔实的资料，需要对村（居）基本状况进行统计，具体内容包括：常住人口数和户数、外来流动人口数、外出打工人数、村/居/社/队/组数量、是否属于城乡结合部、住户花名册制作时间等。

此外，为了方便督导在地图核查和住户列表清单核查过程中得到支持和配合，并对村居状况进行多方面了解，需要绘图员登记村（居）负责人以及绘图协助人的联系方式。村（居）基本情况列表清单的格式见表4：

表4 CFPS村（居）基本情况统计

____省/自治区/直辖市___市___县/区___街道/乡/镇___居委会/村委会

统计目录	统计数		
常住人口数及户数			
外来流动人口数			
外出打工人口数			
村/居/社/队/组数量			
是否属于城乡结合部			
已有住户花名册制作时间			
村（居）负责人联系方式	姓名：		职务：
	固定电话：		手机：
村（居）绘图协助人联系方式	姓名：		职务：
	固定电话：		手机：

注：常住人口指实际经常居住在某地区一定时间（半年以上）的人口。

二、住户列表清单制作说明

住户列表清单需要对住宅建筑物和住户的详细信息进行整理和记录，具体内容包括：省市区县街道信息、村（居）名、村/居/社/组/队/路名、住宅地址、地图编号、户主姓名、住宅状态、一户多宅/一宅多户、备注。住户列表清单需要整理成电子版的excel格式，具体内容如下：

1. 村/居/社/组/队/路名：如果一个村（居）由多个边界

分明的自然村/社、村民小组、大队、居委会组成，需要在这一栏写明建筑物所属的村/社/村民小组/大队/居委会名称。如果住宅建筑物编号包括路名，需要在该栏标明道路的名称。

2．地图编号：即在地图中标识的建筑物编号，需要跟地图中的编号一一对应。

3．住宅地址：要写到门牌号，如燕东园小区1号楼2单元101、崇效寺社区8号楼东单元101、水碓子北里12号楼3单元402。

4．户主姓名：户主姓名要求必须跟住宅建筑物编号和住宅地址内的住户一一对应。住户户籍在本村（居）的按照户口本的户主姓名填写；户籍不在本村的，按照实际居住在该住宅的户主姓名填写。

5．住宅状态：区分不同的住宅状态，如正常住户、空户、商用、商住、非住宅和详细标注的其他情况。

6．一户多宅/一宅多户：对于一宅多户情况，需要完成拆分工作（有几个分立户，就要拆成几条记录），并要在备注栏中注明"一宅多少户"；对于一户多宅情况，需在备注栏中分别标清"户主自住"、"户主××，由××租住"或"空宅"等情况。

几种特殊情况的处理如下

（1）没有门牌号的楼房内住宅，详细地址的记录方法是：面对楼内住户（以上楼的方向），从右手边由里到外（右手边距离楼梯口最远的一户为起始点）开始按逆时针方向记录。记录详细地址为：××村（居）×号楼×单元×楼（层）第×户。

（2）没有门牌号的村民宅平房按照从西到东、从北到南的顺序从1号开始编写，如北苑村平房1排1号。

（3）对平房院（大杂院），有编号的按照从小到大顺序编号，没有编号的自行编号。编号原则是：打开院门进门行走，按右手原则、逆时针顺序逐个进行排序。例如，如果一个编号为11的大杂院有4个住户，那么进门右手第一间住户住宅应登记为11号院4-1，右手第二户为11号院4-2，依次类推，直到最后一户。

（4）空户、纯商用户、纯投资户等无人居住的户不对其进行编号，但要在备注栏说明情况。

（5）要把楼房地下室居住的住户也计算登记在住宅地址中，住宅登记方式如：朝阳小区8号楼地下1层第1户（面对楼内住户【以上楼的方向】，从右手边由里到外【右手边距离楼梯口最远的一户为起始点】开始按逆时针方向记录）。

7. 备注：主要描述以下各种情况：

（1）**空户、商用户等经常无人居住的户、一户多宅、一宅多户的情况要在备注栏里注明。**

（2）简易楼、商品楼、商住两用楼、大杂院、四合院、自建房等建筑物特征要在备注中注明。

（3）楼房和小楼需要在备注中标明楼层数。

（4）编号采用原有编号或自行编号需要在备注中说明。

注意：《住户列表清单》关系到家庭户的抽取，因此要尽可能精确。不强制要求入户，但为求精确，此工作应争取村（居）委会工作人员和物业人员的配合。

表5 CFPS村（居）委会住户列表清单

省/自治区/直辖市 ___　市 ___　区/县 ___　街道/乡/镇 ___　居委会/村委会 ___

制表日期：2010年 ___月 ___日

省/自治区/直辖市	地级市	区/县	街道/乡/镇	村/居	村/居/社/组/队/路名	住宅建筑物编号（地图编号）	户主姓名	住宅状态	一宅多户/一户多宅	备注
辽宁省	沈阳市	苏家屯区	姚千户屯镇	杨千后房村	西山村	1	徐景长	空户		
辽宁省	沈阳市	苏家屯区	姚千户屯镇	杨千后房村	西山村	2	杨兴利	正常住户		
辽宁省	沈阳市	苏家屯区	姚千户屯镇	杨千后房村	西山村	3	李福祥	正常住户	一宅两户	
辽宁省	沈阳市	苏家屯区	姚千户屯镇	杨千后房村	西山村	3	张国栋	正常住户	一宅两户	
辽宁省	沈阳市	苏家屯区	姚千户屯镇	杨千后房村	西山村	4		商住两用		诊所

制表人： ___　审核人： ___　定稿确认人： ___

NOTES

NOTES

NOTES

NOTES

第六部分：绘图员工作安全须知

1．与村/居委会联系，并出具《致村（居）委会的一封信》。

2．绘图员须将前往调查村绘图的行程及路线告知督导和亲友，以保证自身安全。

3．随身携带督导以及中心其他工作人员的电话号码。

4．绘图工作过程中须一直佩戴调查证。

5．尽量乘坐有正式运营执照的公共交通工具和有关车辆。若绘图员自备交通工具，应确认使用的交通工具是否能正常运作、机械性功能是否正常，特别是边远地区需要充足的汽油准备等[10]。

6．于走动中进行绘图时，要确保远离马路，并与行驶中车

---

[4] Listing procedures manual, 2006. University of Michigan, Institute for social research survey research operations.

辆保持安全距离。

7. 天黑后不宜再继续进行村级区域绘图工作。

8. 请勿独自攀登高山或者下河。

9. 避免随身携带个人贵重物品。

第七部分：村居地图和住户列表清单的递交

绘图员在完成一个区/县的绘图和住户列表清单后，请将以下清单中涉及的相关资料以快递或邮件形式寄回调查中心：

1．绘制好的村/居地图原件；

2．电子版村/居住户列表清单EXCEL表格；

3．电子版村/居基本情况EXCEL统计表；

4．绘图前获得的各村/居参考地图（如：2006年农业普查图、2008年经济普查图或各村/居已有的行政规划图或现状图）；

5．绘图员劳务表，表中须填写：身份证号码、姓名、实发金额、在备注栏内签名（注意：其他内容一律不用填写，也不用单位盖章，如果需要做相关说明，请用铅笔书写或另附纸）；

6．从培训地点返回工作地点的回程车票、培训绘图过程中产生路费的票据（只报销公共交通工具车票）、绘图资料复印票据。

特别提醒：以上材料，除第2、3两项通过电子邮件发回调查中心外，其他4项请一并快递回北京大学中国社会科学调查中心，为防止快递过程中出现问题，请务必将1、4、5项进行复印留底，并保留好2、3项的电子文档。

在所有绘图相关工作完成后，绘图员需要将以下资料快递回调查中心：

1．《中国家庭动态跟踪调查村（居）委会实地绘图和住户列表清单制作操作手册》

2．《致村（居）委会的一封信》

所有抽样过程中使用的资料都仅限于本次调查，并严格保密。未经调查中心许可，任何人不得用作其他用途。

NOTES

NOTES

NOTES

NOTES

第八部分：附件

附件一：调查地图参考范本

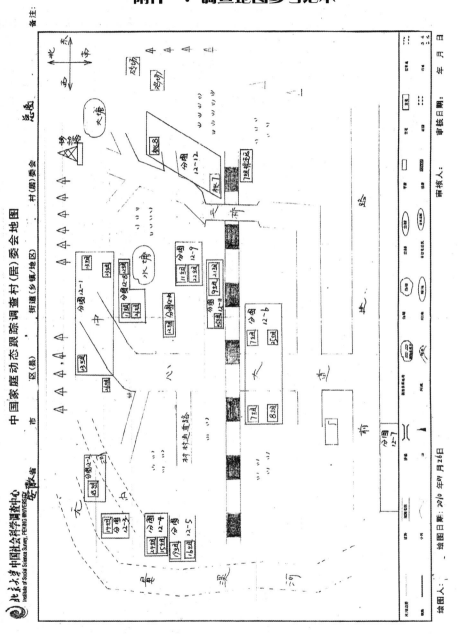

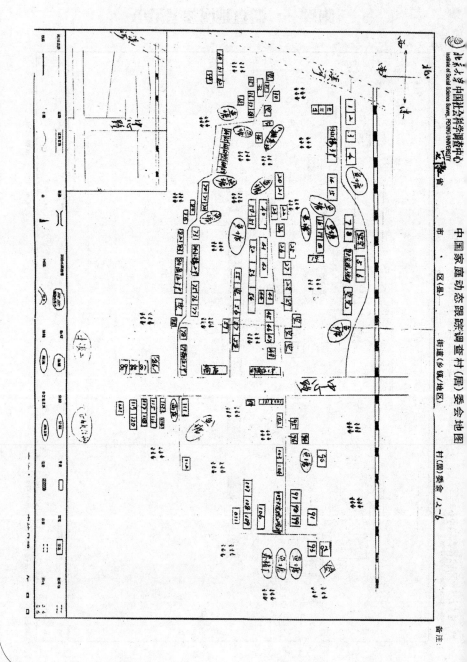

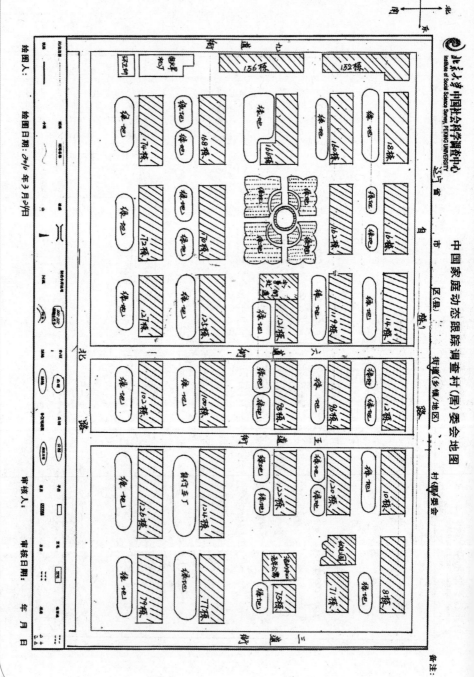

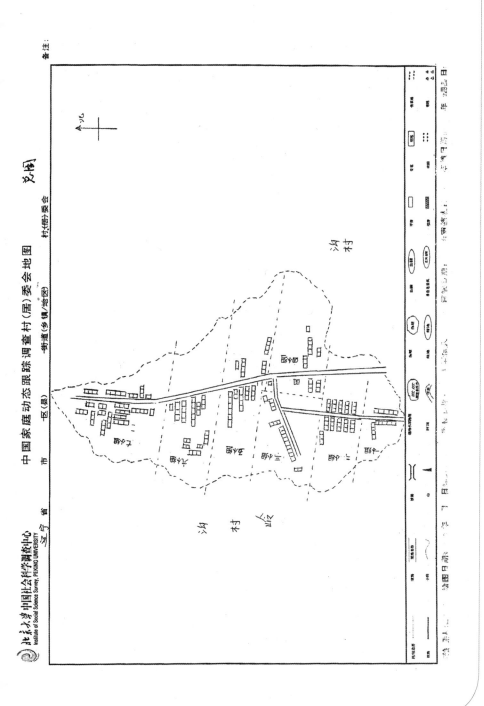

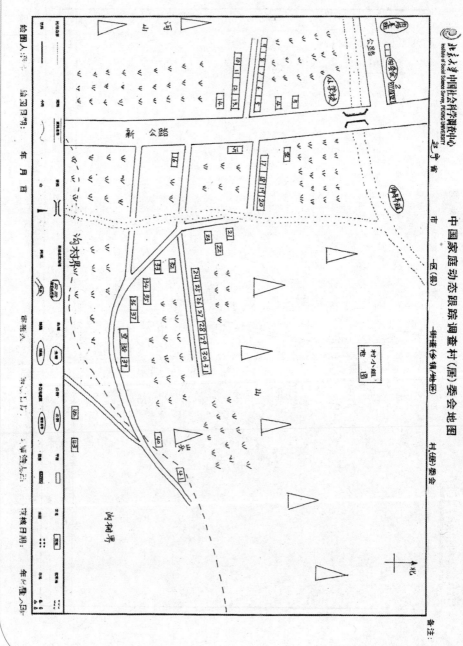

附件二：样表格式

样表一：CFPS大社区基本信息统计表

____省/自治区/直辖市___市___县/区___街道/乡/镇___居委会/村委会

分片编号	村/居/社/队/组/路名	常住人口数	住宅及居民情况描述	备注

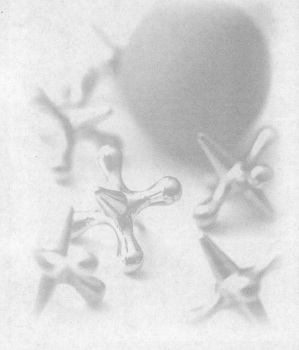

样表二：CFPS村（居）基本情况统计表

____省/自治区/直辖市___市___县/区___街道/乡/镇___居委会/村委会

统计目录	统计数	
常住人口数及户数		
外来流动人口数		
外出打工人口数		
村/居/社/队/组数量		
是否属于城乡结合部		
已有住户花名册制作时间		
村（居）负责人联系方式	姓名：	职务：
	固定电话：	手机：
村（居）绘图协助人联系方式	姓名：	职务：
	固定电话：	手机：

样表三：CFPS村（居）委会住户列表清单

___省/自治区/直辖市___市___区/县___街道/乡/镇___居委会/村委会

制表日期：2010年 月 日

制表人： 审核人： 定稿确认人：

省/自治区/直辖市	地级市	区/县	街道/乡/镇	村/居	村/居/社/组/队/路名	住宅地址	住宅建筑物编号（地图编号）	户主姓名	住宅状态	一宅多户/一户多宅	备注

89

附件三：2010 CFPS绘图实地核查问卷

核查地点：

_____省/自治区/直辖市_____市_____区/县_____街道/乡/镇_____居委会/村委会

绘 图 人：_____

核 查 人：_____　　电　话：_____

核查时间：_____

填答说明：请按照实际情况填写，若部分题项无法用文字准确描述，可用蓝色或红色签字笔（或圆珠笔）在地图相应位置进行修正。

Q1. 该村/居是否处于城乡结合部?

1. 是　　　　　　　　　　2. 否

Q2. 该村/居的住宅建筑物分布是否密集?

1. 是　　　　　　　　　　2. 否

Q3. 该村/居的住宅建筑物分布是否规整?

1. 是　　　　　　　　　　2. 否

Q4. 该村/居的住宅建筑类型有（可多选）：

1. 单元楼　　　2. 平房　　　3. 小楼房

4. 自建四层及以上楼房　　　5. 四合院

6. 大杂院　　　7. 其他（请注明：＿＿＿＿＿＿＿＿＿＿）

Q5. 该村/居最主要的住宅建筑类型是（单选）：

1. 单元楼　　　2. 平房　　　3. 小楼房

4. 自建四层及以上楼房　　　5. 四合院

6. 大杂院　　　7. 其他（请注明：＿＿＿＿＿＿＿＿＿＿）

Q6. 该村/居是否由多个自然社（村）、大队、小组或小区构成?

1. 是（请说明其构成：＿＿＿＿＿＿＿＿＿＿＿＿＿＿）

2. 否

（若是，那么：＿＿＿＿＿＿＿＿＿＿＿＿＿＿＿）

Q6. 地图上各自然社（村）、大队、小组或小区的边界线标注是否准确？

 1. 是

 2. 否（请说明：_____）

Q7. 该地图的总体方向标注是否跟实际情况相符？

 1. 是

 2. 否（请说明：_____）

Q8. 该地图对样本村/居的边界标示是否准确？

 1. 是

 2. 否（请说明：_____）

Q9. 地图上采用自然编号（即门牌号码）的住宅建筑物是否完全和该村/居实际建筑物编号相符？

 1. 是

 2. 否（请详细说明编号不符的建筑物情况并在地图相应位置作出修改：_____）

Q10. 该村/居的住宅建筑物是否全部标示在地图上，即无遗漏？

 1. 是

 2. 否（请详细说明未标示建筑物的情况，包括住宅建筑物的编号或附属编号、住宅数和住户数，并在地图相应位置作出修改：_____
_____

Q11. 地图上住宅建筑物是否有重复绘制的问题？

1. 是（请详细说明重复绘制建筑物的情况并在地图相应位置作出修改：_____

_____）

2. 否

Q12. 地图上建筑物的位置是否出现明显的错误？

1. 是（请详细说明建筑物位置错误情况并在地图相应位置上标出：_____

_____）

2. 否

Q13. 地图上是否已经将该村/居所有商用住宅和空宅排查清楚？

1. 是

2. 否（请详细说明未绘制的商用住宅或空宅的情况并在地图相应位置上标出：_____

_____）

Q14. 住宅建筑物的朝向标注是否准确？

1. 是

2. 否（请详细说明朝向标注错误的建筑物情况并在地图相应位置作出修改：_____

_____

_____)

Q15. 地图上标示的道路名称是否准确?

1. 是

2. 否(请详细说明标示错误的道路名称并在地图相应位置作出修改:_____

_____

_____)

Q16. 该样本村/居内的主要道路(即有路标指示的、有名称的道路或是没有名称、但有分割作用或通向住宅的小路)是否都已标示在地图上?

1. 是

2. 否(请详细说明未标示道路的名称并在地图相应位置作出修改:_____

_____

_____)

Q17. 该样本村/居内主要的标志性建筑是否都已标示在地图上?

1. 是

2. 否(请详细说明未标示非住宅建筑物的情况并在地图相应位置作出修改:_____

_____)

Q18. 请核算以下多住宅建筑物的住宅数和住户数：（根据不同样本村/居实际情况提出）

Q19. 本村/居需要重点核查的内容：

Q20. 请按照图找到下列号码，并对应记录户主姓名：

Q21. 请注明其他需要说明的问题：

NOTES

NOTES

NOTES

NOTES

参考文献

1．《2005年全国1%人口抽样调查地图绘制工作细则》

2．国家统计局：中加社会统计项目《城乡住户一体化试点方案》。

3．《全国农业普查地图绘制工作细则》

4．《中国健康与养老追踪调查试调查：先遣队员培训材料一》。

5．Global Adult Tobacco Survey (GATS) Mapping and Listing Manual, June 2009.

6．Malaria Indicator Survey Household Listing Manual, April 2005.

7．National family health survey, 2005-2006 (NFHS-3) India, Manual for household listing, International Institute for Population Science MUMBAI, September 2005.

8．Listing procedures manual, 2006. University of Michigan, Institute for social research survey research operations.